小さな子どもと いっしょに楽しむ マインドフルネス

すこやかな心を育てる **30** のアクティビティ

ハイディ・フランス 著
デニス・ホームズ イラスト
芦谷道子 訳

創元社

この本は、サウスイースト・オルタナティブ・スクールの協力のおかげで完成させることができました。生徒一人ひとりを受け入れ、愛するために毎日たゆまぬ努力を続けておられる教育者の皆さん。そして勇気をもって大人と苦悩を分かち合ってくれる生徒の皆さん。あるがままの皆さんに愛を贈ります！

　私の心を感動と生きがいで満たしてくれる家族に、この本を捧げます。どんな書物にも負けないくらいたくさんのことを教えてくれる息子。私自身がそのままでよいのだということに気づかせてくれる娘。そして、私の志をまるごと応援してくれる夫。

　家族に愛をこめて。

もくじ

第4章 感情の冒険 37

第5章 私を大切に、あなたを大切に、みんなを大切に 45

第6章 ゆっくりタイム 53

はじめに

「私たちは思考によって形作られます。つまり、私たちは考えたとおりの存在になるのです。心が純粋であれば、喜びは影のように寄り添ってきて、決してあなたから離れることはないでしょう。」

—— ブッダ

　　この本を手に取ってくださって、ありがとうございます。この本を読んでくださっているあなたは、きっとマインドフルネスに興味を持っておられるのでしょう。その興味は、単なる好奇心でしょうか。それとも、あなたが実践してきたことを今度は子どもたちに紹介したいとの思いからくるものかもしれませんね。どちらでも大歓迎です。あるがままのあなたの思いが大切です。

　　「マインドフルネスストレス低減法」の開発者であるジョン・カバットジンは、その著書『マインドフルネスを始めたいあなたへ』（星和書店）の中で、マインドフルネスを次のように表現しています。「意図的に、今この瞬間に、価値判断なしに注意を払うこと」。このことを日常生活で実践することが、究極の挑戦であり目標です。マインドフルネスは、どのように存在するのか、どのように見るのか、どのように体験するのかということに対する人類の試みです。人生には、きっと多くの困難が待ち受けていますが、マインドフルネスを実践すると、その取り組み方を変えることができるのです。

　私のマインドフルネスの旅は、ゆっくりと始まりました。私の子どもたちが小学校に入学する前にこんな本があればよかったのにと思っています。私はいつも愛と安らぎを大切にしながら子育てをしてきましたが、マインドフルなアクティビティが幼少期の子どもたちに役立つということに、もっと早く気づけばよかったと思います。私がADHDの息子との関わりを通して学んだことは、子どもたちは自分の感情を理解することを教えられると、穏やかさや安らぎ、そして喜びの感覚を得るのだということです。そして、特別支援学校の生徒たちと接する中で、幼少期からマインドフルネスをサポートすることのできるアクティビティを開発してきました。

　あなたが子育てにマインドフルネスを取り入れる旅路の中で、本書で紹介するアクティビティがお役に立てれば幸いです。この本でご紹介していることは、決して壮大なことや画期的ことでありませんが、小さなお子さんが成長し、人生の素晴らしさを体験することをサポートする新しい取り組み方であり、上質なアクティビティばかりです。どうぞ楽しみながら試してみてください！　あなたやお子さんには合わないアクティビティもあるかもしれませんが、好きなものに取り組んでいただければ大丈夫です。あなたやお子さんにとってより意味のあるものとなるよう、どのアクティビティも変更したってかまいません。ほんの短い時間でも、お子さんと一緒に今この瞬間に注意を向けることで、お子さんの心にマインドフルネスの種を植えることができ、自己認識や愛、喜びを花開かせることができるでしょう。

1

小さな子どものための
マインドフルネス

　乳幼児を育てることは、喜びも大きいですが、時には大きなストレスにもなります。幼い子どもたちは、限界について学び（そしてそれを試し）、同時に自分の欲求を伝える方法を見つけていきます。大人が子どもの成功を助けてあげる方法の一つは、マインドフルネスの実践を手助けしてあげることです。それは、今この瞬間に起きていることを、価値判断せずに愛し受け入れることなのです。そしてそれは、子どもたちが成長するにつれて、ちょっと立ち止まって物事に上手に対応できるようになるための力につながります。

マインドフルネスの種をまく

　マインドフルネスとは、充分に今という瞬間を感じとり、周りのことに意識を向け、今起こっているできことに過剰に反応したり、圧倒されたりしないようにするための練習です。2歳から5歳の子どもたちには難しいと思われるかもしれませんが、実はこの年齢がマインドフルネスの種をまくのにちょうどいい時期なのです。幼い子どもたちは、体の動きに注意を向けたり、音に耳を澄ませたりすることで、おもちゃを使ってマインドフルネスについて学ぶことができます。こういったことは、子どもたちが成長する中で、注意を集中し、感情を整えるのに役立つスキルの基礎となります。必要なスキルを以下に挙げます。

マインドフルな呼吸

呼吸の大切さを教えると、子どもたちは脳と体をどのように集中させるかについて学ぶことができます。このスキルは、動物のまねをしたり、おもちゃを使って充分な深い呼吸をサポートしたりする活動を通じて育まれます。

自己認識

幼い子どもは、自分が欲しいもの、必要なものにこだわりすぎるところがあります。マインドフルネスは、泣いたりかんしゃくを起こしたりする代わりに、感情を言葉にすることを助けてくれます。

マインドフルな動き

ご存じのように、小さな子どもたちは体を動かすのが好きです。その動きを使って、自分自身や自分の世界についてマインドフルになることができるのです。

マインドフルネスではないもの

　マインドフルネスとは、価値判断することなく、今ここにまさしく存在しているということです。それは考えや感情をコントロールすることではありませ

ん。マインドフルネスは、特定の考えや感情が今まさに起こっているということをどのように認識し、その考えや感情を持つ自分をどのように批判せずに受け入れるかを教えてくれます。こういったことをほんの短い時間認識するだけで、人は衝動的に反応するのではなく、困難な考えや感情に対してより上手に対応できるようになることが多いのです。ですから、小さいお子さんと一緒にマインドフルネスを実践することで、かんしゃくや強い反応を減らすことはできないかもしれません。それでも、難しい感情と出会ったときに、あなたとお子さんがコントロール不能になる状況を徐々に減らすことができるようになるでしょう。そうすれば、かんしゃくが起きたとしても、それを止めなければならないもの、コントロールしなければならないものだとみなすのではなく、かんしゃくと共に呼吸し、かんしゃくから学ぶことができるのです。

マインドフルネスの芽生えを助ける

　2歳から5歳の子どもたちは、日々忙しく学んでいます。子どもたちは、もともと好奇心旺盛で、探索することが好きです。本書では、その強みを生かし、身近なものを新しい形で表現するアクティビティを紹介します。これらのアクティビティは、素早く簡単に取り組むことができ、何度も繰り返し行うことができます。

　この本のアクティビティは、楽しくて夢中になる活動になることを目的にしているということを、忘れないでください。今この瞬間にとどまってみましょう。例えばアクティビティの説明で、ゆであがったばかりのキラキラ輝くパスタを使うよう指示されているのに、あなたのお子さんがどうしても乾いたパスタを使いたいと言ったときには、どうぞお子さんの創造性を尊重してあげてください。幼児の注意力は限られており、生後1年で2～5分程度と言われています。本書のアクティビティは、そのような点も考慮に入れてデザインされています。

2歳の子ども

「魔の2歳児」と言われる時期がありますね。信じられないかもしれませんが、この時期はそれほどひどい時期ではないのかもしれません。幼児は周りを探索するのが大好きなので、普通は長い間じっと座っていられないものなのです。2〜4語の簡単な文章で自分の欲求を伝えられるようにはなっていますが、自分の気持ちを伝えたり、思い通りにならないときに落ち着いたりする方法を学ぶことはまだ難しく、たくさんのサポートが必要なのです。

できることとできないこと

●注意力の範囲

2歳児の注意力は4〜10分程度です。簡単な指示に従うことができ、体験型のアクティビティを楽しむことができます。繰り返すことが好きなので、アクティビティは予測できるものがいいでしょう。

●言葉とコミュニケーション

言葉は増えていきますが、2歳児はまだ自分の感情や欲求を主に行動で伝えます。

●社会性と情動

ほとんどの幼児は、体の主な部位を識別し、自分や他者の体の部位を指差すことができます。でも、感情を豊かに表現したり、表情を読み取ったりすることはまだできません。一人遊びが重要な時期ですが、他の子どもの存在に気づき、そのそばで遊ぶようになってきます。ただ、他者の気持ちを理解したり、他者の気持ちに応じて自分の行動を変えたりすることはまだ難しいのです。

2歳児のマインドフル

マインドフルな幼児は、基本的な呼吸のエクササイズを行うことができますし、自分の体や表情を探求することもできます。子どもたちは体験型の探索が大好きで、動きや視覚的な刺激を含むさまざまな活動に、たやすく取り組むことができます。また、2歳児は目の前のできごとに気持ちが向きやすく、自分が感じていることに自動的に反応しがちです。

3歳の子ども

　一般的に、子どもたちはこの時期に幼稚園に通い始め、自立心が芽生えてきます。そして保護者からそれほどストレスなく離れられるようになります。また、周りの人たちの存在や、その人たちにも感情があることに気づくようになります。3歳児は自分の名前を言えるようになり、いよいよアイデンティティ形成のプロセスが始まります。

できることとできないこと

●注意力の範囲

　未就学児の注意力は6〜15分程度です。2〜3ステップの指示に従うことができ、「〜の中に」、「〜の上に」、「〜の下に」などの概念も理解し始めます。

●言葉とコミュニケーション

　3歳児は「私は」「私の」「私たちは」「あなたは」などの代名詞を理解し始めます。しかし、言葉が増えてきたとしても、怒ったときに言葉で自分の欲求を表現するのはまだ無理です。

●社会性と情動

　この年齢の子どもたちは、たまたま隣にいる子だけでなく、多くの友達と一緒に遊ぶようになり、ゲームで順番を待つことができるようになります。3歳児は、さまざまな感情を表現し、周りの人たちを気遣うことができ、絵本のストーリーの中で描かれるさまざまな感情を識別することができます。

3歳児のマインドフル

　この年齢になると、子どもたちは長く座っていられるようになり、自分の呼吸を意識し、自分の体やパーソナルスペースに意識を向けることができるようになります。自分の考えや行動を通して、どうすれば他者に優しさや気遣いを示すことができるかを学び、自分がどのように感じているのかを識別することもできます。しかし、自分の気持ちを言葉にするのはまだ難しいでしょう。

4歳の子ども

　この年頃の子どもたちは、幼稚園という刺激的な環境の中で、どんどん世界を広げていきます。新しい挑戦に前向きで、一人で遊ぶよりも他の子どもたちと一緒に遊ぶことを楽しみます。子どもたちはごっこ遊びが大好きで、物語の筋書きやキャラクターを考えるとき、とても創造的になります。4歳児の脳は、微細な運動能力を磨き始め、書いたり、切ったり、小さなゲームやパズルのピースを扱ったりする作業を学び始めます。

できることとできないこと

●注意力の範囲

　4歳児は通常8〜20分注意が持続するので、長めのお話を聞いて、次に何が起こるか予想し始めることができます。また、歌を歌ったり、物語を記憶して繰り返すこともできるようになります。

●言葉とコミュニケーション

　この年代の子どもたちは、好んでたくさんの質問をします。物事のどことどこが同じでどこか違うのか、基本的に理解するようになります。そして、「彼」「彼女」「彼ら」といった代名詞も理解し始め、それによってジェンダー・アイデンティティの違いを深く理解できるようになります。

●社会性と情動

　4歳児は自分の好きなもの、必要なものを上手に伝えることができるようになり、2〜3個の選択肢から選ぶことができるようになります。また、友人とのいざこざを解決する方法も学びますが、複雑なやりとりをうまく扱うには、まだ手助けが必要です。

4歳児のマインドフル

　4歳児は、今の瞬間に意識を向けるためにできることについて、よりよく理解するようになります。例えば、物に触れることなしに、座ったまま周りを見渡すことができるようになります。また、想像力を働かせてその場にないものについて話したり、どう感じるかを予想したりすることもできます。でも、も

っと幼い子どもたちと同様に、さまざまな役割や状況を理解するためには、まだ直接教えてあげる必要があります。

5歳の子ども

　5歳になると、子どもたちは自分をコントロールしたり、目的を持って行動することができるようになりますが、それでも急に感情が溢れたり、感情のコントロールに苦労したりすることもあります。

できることとできないこと

●注意の範囲
　5歳児の注意力は、通常は10分から25分程度です。繰り返し作業を行うと、脳のつながりが強化され、周囲の世界をより深く理解することができるようになります。

●言葉とコミュニケーション
　この時期の子どもたちは、自分の願いやニーズをはっきりと表現することができます。でも、なぜあるときは要求が通り、あるときは通らないのかを理解することが難しく、思い通りにならないと感情が溢れてしまうことも少なくありません。

●社会性と情動
　小学校に入学し始める年齢になり、5歳児はより多くの友達と関係を築き、保護者から離れた場所で遊びのグループに参加できるようになってきます。小さな困りごとには友達と一緒に対処できるようになりますが、けんかをうまくおさめるためにはまだまだ助けが必要です。

5歳児のマインドフル
　5歳児は、長い時間じっと座っていることができ、また、適切なツールを与えられると、体や脳を落ち着かせるワークもできるようになります。また、欲しいものを手に入れたり、未来のイベントの計画を立てたりするために、短期的な目標に集中することもできます。

みんな違っていい：
一人ひとりの個性や違いを慈しむ

　子どもの成長は一人ひとり異なり、それぞれのペースで進みます。本書で紹介するアクティビティは、どの子どもにも簡単に使えるものばかりです。もしあなたが専門家の支援を受けているなら、専門家にアドバイスをもらってください。そして、この本の内容があなたのお子さんの役立つように、必要な変更を加えてください。

●発達の遅れ

　もしあなたのお子さんに何か弱みがある場合、お子さんの強みを生かすことで自信をつけてあげることができます。例えば、お子さんが言葉を話すことに困難があれば、視覚を使って発話をサポートしてあげましょう。自分の気持ちを言ってもらう代わりに、感情チャート（ネットで簡単に検索できます）を印刷し、自分の感情に合った言葉を指差してもらいます。

●自閉症スペクトラム障害

　この診断を受けた子どもたちは、たくさんの困難を抱えている可能性があり、そのことが日常的なタスクをこなす力に影響を及ぼします。見たり、匂いを嗅いだり、音を聞いたり、ものに触れたりする過程で問題が生じるため、行動するときに不安が生じることがあります。マインドフルネスは、お子さんを愛情深くサポートしながら、お子さんの挑戦を手助けするとても良い方法です。ただし、お子さんの負担になるような活動を無理にさせることはやめましょう。例えば、素足で自然を探索する場合、草の感触が苦手なお子さんには、靴下を履かせたり、足の代わりに手を使って探索してもらうといいですね。

●認知や身体の障害

　認知障害や身体障害のあるお子さんは、活動の一部にサポートが必要なことがあります。たとえ特別な支援が必要であっても、五感を使って環境を探索することにより、脳の複数の経路を強化することができます。

大人がマインドフルネスのモデルになる

　あなたがどのような経験をしているとしても、一緒にいるときに、体の感覚、考え、感情に名前をつけてあげてください。それがマインドフルのモデルになり、幼いお子さんがマインドフルネスを身につけるサポートになります。あなたが周りの世界からどんな影響を受けているのか、言葉で聞けば聞くほど、お子さんは自分の体験にも意識を向けやすくなるでしょう。例えば、お子さんと一緒に楽しく遊んでいるときに、「一緒に遊んでいたら心が幸せでいっぱいになるよ」と言ってあげてみてはいかがでしょうか。また、本書のアクティビティを一緒に行うときには、それぞれの体験によってもたらされた気持ちを、忘れずにお子さんに話してあげてください。マインドフルネスとは、良いこともそうでないことも含めて、あらゆる経験を抱きしめることです。

共調整を通して小さなお子さんをサポートする

　小さな子どもたちが成長し、周囲の世界をより深く経験するようになると、自分の考えや感情、行動をうまくコントロールする必要性に迫られます。この成長を促す方法の一つが「共調整（Co-Regulation）」です。『自己制御と毒性ストレス』という報告書*において、「共調整とは、子どもが"自分の考え、感情、行動を理解し、表現し、調整する"ために必要なサポートを提供する、温かく応答性のよい相互作用である」と定義されています。共調整を実現するためには、保育者が子どもの合図に細やかな注意を払い、一貫して繊細に対応し、サポートする必要があります。

　小さな子どもたちは、広がっていく世界に上手に対応できるようになるために、保護者からの一貫した導きを必要としています。例えば、お子さんがパズルをしているときに、イライラしてピースを叩いているのを見たら、「パズルをしていてイライラしたのね。何か手助けできることある？」と声をかけてあげてみてください。自分の感情に意識を向けると、その感情そのものは良いものでも悪いものでもないと理解することができるでしょう。感情は自分の外部からのサポートや自分の内側にあるリソースを使って、上手に扱うことができるものなのです。

*Self-Regulation and Toxic Stress: Foundations for Understanding Self-Regulation from an Applied Developmental Perspective（Desiree W. Murrayほか著, OPRE Report #2015-21）

最後に、あなたの感情の扱い方が、お子さんのお手本になることを忘れないでください。難しいことが起こったとき、「ああ、とってもイライラしてきちゃった。ちょっと深く呼吸して、もっといい解決方法がないか考えてみよう」と言ってみましょう。自分の感情をどうやって調整するか、お手本を示してあげるのです。すると子どもは、誰もが（親でさえも！）さまざまな感情を経験し、それを安全な方法で扱うことができるということを理解できるようになるでしょう。

安全上の注意

本書で紹介しているアクティビティは、自分と世界を探索しながらマインドフルネスを育むのに役立ちます。ただし、小さいお子さんの場合、ほとんどのアクティビティで保護者の見守りが必要であることを忘れないでください。安全に関するいくつかの注意点を挙げておきます。

* 小さな物は窒息の危険性があります。ビーズやパスタ、風船などの小さな物を扱う場合は、必ずお子さんを見守っていてあげてください。くっつけていたものが外れそうになったときは、すぐに取り除くか、しっかり固定するようにしてください。
* 絵の具や接着剤は、工芸店や文具店などで売っている子ども向けのものを使いましょう。
* ゆるゆるボトル（P.54）を作るときは、接着剤でしっかりふたを固定しましょう。接着剤が完全に乾いて、開けられないことを確認してから、お子さんに渡してあげてください。
* 外出するときは、常にお子さんを見守っていてあげましょう。

この本の使い方

　この本は、2歳から5歳の子どもに適した5つのタイプのマインドフルネス・アクティビティを紹介しています。

第2章　踊って、揺れて、動いてみよう
第3章　五感を使って楽しもう
第4章　感情の冒険
第5章　私を大切に、あなたを大切に、みんなを大切に
第6章　ゆっくりタイム

　子どもたちの注意力やできることは限られているので、ほとんどのアクティビティは短い時間で終わるように設定されていますし、少しの材料と少しの準備があれば実施できます。お子さんの能力に応じて、1日に何回取り組むか、どのアクティビティを選ぶか決めてあげてください。多くのお子さんは、アクティビティを繰り返し行うことが大好きです。繰り返しは、良いマインドフルネスの習慣を作るのに役立ちます。

　それぞれのタイプで、簡単なアクティビティから複雑なアクティビティまで順番に紹介されており、材料や準備に必要な時間が挙げられています。ほとんどのアクティビティは、どの年齢でも使用できるように変更することができ、それぞれ0（後片付け不要）から3（後片付けに15分以上かかる）までの「散らかしランク」が付いています。

　各アクティビティには以下の4種類のうち1つのヒントが含まれています。
①年齢に合わせてアクティビティを調整する「年齢ヒント」
②使用するものの素材を代えてみる「ちょっとした交換ヒント」
③別の設定や材料を使ってアクティビティを広げる「クリエイティブヒント」
④お子様をサポートする関わり方についての「共調整ヒント」

2

踊って、揺れて、
動いてみよう

　マインドフルになるために、じっと座っている必要はありません。実際、小さな子どもたちは、遊んで体を動かしながら、学び成長していきます！　この章のアクティビティは、お子さんが、自分の体が動いているときの感覚にじっと注意を向けることができるよう手助けします。マインドフルな動きのアクティビティに取り組むと、小さな子どもたちは、運動が喜びだけではなく、落ち着きや安らぎをもたらしてくれるということを学ぶことができるでしょう。

ロケット発射

このアクティビティを行うと、子どもたちは全身でエネルギーを感じることができます。大きな筋肉を使うと、脳に酸素が行き渡り、集中力が高まって穏やかな気持ちになれるのです。お店で並んで待っているときや、長い間座っていなければならない時間の前に使えるアクティビティです。

用意するもの
● なし

ステップ

① まず、「全身で力いっぱい、ロケットみたいに飛び立つ遊びをするよ」と伝えましょう。

② 両手をまっすぐ横に下ろして立ってもらいます。そして3、2、1と数えるのにあわせて、肩をすくめて上げたり下げたりさせます。

③ 次に、ゼロと言ったときにロケットを発射するように、両手を頭の上にまっすぐ空に向かって上げます。これを3回繰り返します。

④ 今度はしゃがんで地面に手を触れ、まっすぐ飛び上がり、「ロケット発射！」と言いながら手を空に伸ばします。これを3回繰り返します。

⑤ 全部つなげてやってみます。肩をすくめ、空に手を伸ばし、しゃがんでロケット発射を3回連続でやってみましょう。

クリエイティブヒント

高速ロケット発射と低速ロケット発射を交互に行ってみます。また、3、5、10と秒数を増やしてだんだんカウントアップしたり、逆にカウントダウンすることもできます。

動物ものまね

子どもたちは、想像力を働かせてお気に入りの動物をまねて動くようになります。その動きを通して、身体のさまざまな部分に意識を向け、動物のように動くことがどのような感覚なのかを探ります。

ステップ

①お子さんがよく知っている動物のリストを作りましょう。小さな子どもたちは、ゾウ、ライオン、キリン、ゴリラ、イルカなど、大きな動物に親しみを感じることが多いかもしれませんね。

②お子さんに座るか立つかしてもらいます。そして何かの動物を選び、その動物のように体を動かしてもらいます。例えば、ゾウのように動く場合、お子さんは前かがみになり、片方の腕をゾウの鼻のように前に振り、重い足どりでゆっくりと動くでしょう。

③お子さんが動くとき、体の見え方や感じ方を意識できるように手助けしましょう。

クリエイティブヒント

動物を特定のグループから選んでみましょう。例えば、海、砂漠、ジャングルなどに生息する動物を3〜5種類、挙げてみてください。

用意するもの
● なし

リズムをきざもう

このアクティビティは、動きと音を組み合わせて脳のいくつかの領域に働きかけます。ただ拍子を数えたり、お気に入りの曲を流して聴いたりするだけでいいのです。リズミカルな動きのパターンは、お子さんの脳を刺激し、集中力を高めるのに役立ちます。

用意するもの

- 空の容器
- 木のスプーンまたは棒

ステップ

① 1、2、3、または1、2、3、4、5と拍子をとりながら、お子さんに部屋の中を歩いてもらいます。さらに何度か数字を繰り返して数えます。

② お子さんの準備ができたら、数字の1つに動きを加えてみましょう。例えば、1、2、と数え、そして3でジャンプします。これを何回か繰り返してみます。

③ ジャンプ、うさぎ飛び、腹ばい、つま先立ち、クルクル回転など、拍子にいろんな動きを加えてみましょう。

④ 空の容器と木のスプーンや棒を使って、拍子をとる（音を鳴らす）こともできます。

年齢ヒント

2歳児なら3拍子に合わせて1つの動きを、5歳児なら5拍子に合わせて3つの動きをさせてみましょう。

ゆらゆらビート

体を激しく揺すったり、回したり、ゆらゆらと揺らしたりすることは、前庭（内耳）のシステムを刺激するリズミカルな運動になります。このような動きをすると、小さな子どもは元気にもなるし、落ち着きもします。このアクティビティはロッキングチェアのイメージを使って行いますが、ブランコのイメージを使ってもいいでしょう。

ステップ

①子どもを床に座らせます。
②お気に入りの歌を流したり歌ったりして、お子さんにロッキングチェアに座っているふりをさせます。
③拍子に合わせて体を前後に揺すってもらいます。
④横に揺れたり、膝を揺らしたり、手と膝を揺らしたり、立って揺れたりなど、他の揺れの動きも試してみましょう。

共調整ヒント

お子様をあなたの腕の中で揺らしたり、くるくる回したりすることもできます。そうすると、揺さぶられる感覚を味わいながら、あなたとの絆を深めることもできるでしょう。

用意するもの

●お気に入りの歌

どきどきダンス

心臓は身体の中心にあって、活動中は1分間に100回以上拍動し、身体独自のリズムを作っています。幼い子どもたちが自分の心臓の鼓動を意識することを手助けしてあげると、その後の人生を穏やかに過ごすことができるのです。また、このアクティビティを笑いながら行うと、喜びや平和といった気持ちを高めることができます。

用意するもの

●歌
●聴診器
　もしあれば、おもちゃでも本物でも

ステップ

①動くのに十分なスペースがあるところに立ってもらいます。
②音楽を流し、それに合わせてお子さんに踊ってもらいましょう。笑顔や笑いを誘うような歌を流します。
③歌が終わったら、胸に手をあててもらい（または聴診器を使って）、心拍を感じてもらいます。心臓の鼓動がどのくらい早いか、また、拍動をどこで感じるか（例えば手や頭など）ということに意識を向けてみます。
④速く踊ったりゆっくり踊ったりして、心拍数を上げたり下げたりしてみましょう。

共調整ヒント

子どもがびっくりしたり、怖がったりしたときに、自分の心拍を感じさせましょう。心拍数が下がるまで呼吸に集中することで、気持ちを落ち着かせることができます。

虫がくっついた

お子さんの体に虫がくっついたことを想像してもらい、体を大きく動かしてそれを振り払わせる遊びをしましょう。これによって、体のいろいろな部分に意識を向けることができます。行列や車の中で待つときにちょうどいいアクティビティです。

ステップ

①動けるスペースがあるところなら、座っていても立っていてもできます。

②お子さんにどんな虫か考えてもらい、体のどこにくっつくのかを選んでもらいます。

③虫が体にくっついて、這うまねをします。その部分を揺すって、虫を振り払ってもらいましょう。

④その虫がどんな感じなのかということに意識を向けてみます。例えばその虫は、ぬるぬるしているでしょうか、つるつるしているでしょうか。むずむずさせる動きをするでしょうか。

ちょっとした交換ヒント

虫が苦手なお子さんの場合、虫の代わりに羽で体の一部を触れられているようなイメージを持たせてあげましょう。

用意するもの

●なし

3

五感を使って楽しもう

　小さな子どもたちは、もともと好奇心に満ちていて、探索することが大好きです。この章では、香りや音、映像などの感覚に意図的に意識を向けることによって、子どもたちの五感の気づきを育みます。意図的に集中して脳を鍛えると、感覚データフィルターが活性化され、思考や目的意識をつかさどる脳の機能が高まります。このことによって、記憶する力や問題を解決する力、人間関係の力、創造性、身体的パフォーマンスが向上するのです。

音当てゲーム

このアクティビティは、子どもたちが周囲の音に気づくことを促します。そして、注意を集中する力、無視したいものに反応してしまうことを抑える力を養います。

用意するもの
●なし

ステップ

①家の中でも外でも、座っていても寝転んでいてもできます。

②お子さんをじっと静かにさせて、周りの音に耳を傾けてもらいます。冷蔵庫の音や鳥のさえずりが聞こえるかもしれません。

③音が聞こえたら、その音がどこから来ているのか、さらに耳を傾けてもらいましょう。

クリエイティブヒント

聞き取れそうな音のリストを作成し、それぞれの音が聞こえたらチェックしてもらってもいいですね。

魔法の水

視覚を使って、ものをじっくりと観察し、何が起こっているのかに気づいてもらいます。このアクティビティは、小さなお子さんが気持ちを落ち着かせて、目に見えるものに注意を集中させるのに役立ちます。また、見たもの、感じたものを表現することによって、言葉の力も養います。

ステップ

①透明な器にぬるま湯を入れ、子どもの前に置きます。

②食用色素を6滴以上、容器に垂らします。

③お子様と一緒に注意深く見て、何が起こっているのかを一緒に観察します。色が水の中で動くにつれどんなものが見えるか、説明してもらいましょう。

④色を混ぜてみたり、水を入れ替えてみたりしながら、さまざまな色合いを楽しんでみてください。

ちょっとした交換ヒント

他にも、カラフルなキャンディや絵の具、古いマーカーなど、色が出るものを水の中に入れてみて、どんなことが起こるのか観察してみましょう。

用意するもの

●温かな水

●大きな透明の器

　　例：大きな水差し、大きなボウル

●食用色素

雲を眺める

このアクティビティを通して、小さな子どもたちの視覚的な識別能力を磨くことができます。そして、形、文字、数字といったさまざまなシンボルを区別する力を養い始めます。

用意するもの

● 寝転ぶことのできる
  ブランケットや
  レジャーシート

ステップ

①雲が見えたら、仰向けに寝転ぶか、お子さんの隣に座ってみてください。

②お子さんに、雲の中から何かの形や動物を見つけてもらいましょう。

③雲が変化するのを見ながら、何に変化したのか説明してもらいます。

クリエイティブヒント

雨の日には、懐中電灯と身のまわりにあるものを使って、壁に影を作ってみるのもおすすめです。

不思議な香り

匂いは、感情や記憶と結びついている脳の部分を活性化させます。このアクティビティは、特徴のある香りをいくつか体験し、その印象を得ることに役立ちます。小さな子どもは目の前のことに極端に強く反応してしまうことが多いのですが、少し間を置いて、自分で決める力を養います。

ステップ

①香りのサンプルを器に入れます（液体の場合はコットンに含ませます）。
②お子さんに、静かにじっと数秒間、匂いを嗅いでもらいます。
③どんな香りか言葉で表現してもらい、その香りを心地よいと感じるかどうか教えてもらいます。

共調整ヒント

お子さんが落ち着くと感じる香りのリストを作りましょう。寝る前やつらいときに、その香りをそばに置いて、リラックスした時間を過ごさせてあげましょう。

用意するもの

● ふた付きの小さな器

例：小さなペットボトル、きれいに洗ったスパイスのビン、薬の空ビンなど

● いくつかの馴染みのある香り

例：ベビーパウダー、お酢、バニラ、シナモン、コーヒー、オレンジジュースなど

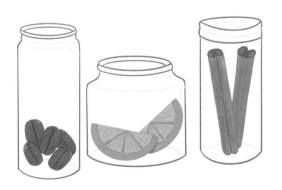

五感を使って楽しもう　33

マインドフルに食べる

小さな子どもは、食事の時間にじっと座っていることが苦手なものです。食事中に落ち着きがないことは、年齢的に普通のことですが、このアクティビティは、食事へのマインドフルな意識を優しく導くのに役立ちます。お子さんがいろいろな味や食感を体験できるよう、楽しみながやってみましょう。このアクティビティを続けると、お子さんは新しい食べ物を喜んで試してみるようになるかもしれません。

用意するもの

● 一口サイズの食べ物

例：ビスケット、マシュマロ、オレンジ、ヨーグルトなど

ステップ

①お子さんの前に食べ物を置きます。全部を一度に置いてもいいし、一つずつ置いてもいいでしょう。このアクティビティで使う食べ物は、年齢に合ったもので、窒息の危険がないことを確認してください。

②つまんでみたり、よく見てみたり、香りを嗅いでみたりしてみましょう。
お子さんに食べ物を自由に探索してもらうことによって、このアクティビティを食事の時間とは区別しましょう。

③その後、ゆっくりと食べ物を噛ませますが、すぐに飲み込まず、5回から10回噛んでもらうようにします。声に出して数えてあげるとよいでしょう。

④食べ物を飲み込んでもらい、どんな味だったか説明してもらいます。

ちょっとした交換ヒント

特定の質感や色が苦手なお子さんもいらっしゃるでしょう。なぜ苦手だと感じるのか、一緒に考えてみましょう。自分の好みを変える必要はありません。ただこのアクティビティを楽しんください。

指で遊ぶ

小さな子どもたちは、手を動かして探索するのが大好きです。このアクティビティでは、シェイビングクリームや粘土のような柔らかい素材を使って、触覚を育みます。手の神経系を活性化して脳に刺激を与え、興奮と落ち着きの両方をもたらします。

ステップ

① テーブルの上にテーブルクロスを敷くか、板を用意します。
② シェイビングクリームや粘土を広げます。
③ お子さんに1本または全部の指を使って素材をよく感じてもらいます。
④ 感じたことを言葉で説明してもらい、遊んでいくにつれて感じ方に変化があることに気づいてもらいます。

ちょっとした交換ヒント

お子さんが素材に触れることを嫌がる場合は、密閉できる保存袋に入れてみてください。素材に触れることなく、ふにゃふにゃした感じを味わうことができるでしょう。

用意するもの

● 柔らかな素材のもの
   例：シェイビングクリーム、粘土、スライムなど

● 汚れても大丈夫な板やテーブルクロス

4

感情の冒険

　小さな子どもたちはさまざまな感情を抱きますが、それを言葉で表現するのは簡単なことではありません。言葉の代わりに、子どもは自分の気持ちを行動で伝えることが多いのです。ただ、2歳くらいになると、自分がどう感じているかを認識し、言葉にすることができるようになってきます。この年齢のほとんどの感情は、「喜び」「悲しみ」「恐怖」「怒り」の4つの基本的な感情の認識から始まります。こういった感情は、たいてい自動的に起こってきて、顔や姿勢に現れやすいのです。このような感情をマスターしたら、次は「楽しい」「退屈」「心配」「悔しい」などといった、他の感情にもチャレンジすることができるようになります。

　この章のアクティビティは、お子さんと一緒にさまざまな感情を探求するのに役立ちます。マインドフルネスのプラクティスでは、価値判断することなしに、感情を認識したり感情に名前をつけたりします。それによって、子どもたちが感情を経験する力を養っていきます。

心の鏡

小さな子どもたちは顔を見るのが大好きです。そこで鏡を使って、「喜び」「悲しみ」「恐怖」「怒り」といった基本的な感情を示す表情の手がかりに気づかせてあげましょう。このアクティビティは、他の人がどのように感じているのかを教えてあげることによって、共感力を養うことにもつながります。

用意するもの

● 鏡
　手鏡または姿見

ステップ

①お子さんに鏡を見せます。
②お子さんに「喜び」「悲しみ」「恐怖」「怒り」といった感情を顔の表情で表してもらいます。
③眉、目、口など、特定の部分に注意を向けてみましょう。例えば、「嬉しい」は、眉毛がゆるみ、目が開き、口が笑っている状態を表します。

クリエイティブヒント

お子さんと向かい合って座り、親が見本になって、お子さんに表情をまねさせながら感情を当ててもらいましょう。

深い呼吸とハグ

小さな子どもたちは強い感情に圧倒されてしまうことがあります。このアクティビティでは、深い呼吸とハグを通して、強い感情を価値判断することなく扱うことのできるマインドフルな方法を教えます。あなたが深い呼吸のお手本を見せてあげることで、お子さんも自然とそれをまね、自分の感情をコントロールできるようになるのです。

ステップ

①お子さんが動揺したときや、なぐさめを必要としているとき、あるいは単にあなたとのつながりを感じたいと願っているときに、「ハグしようか？」と尋ねてみましょう。

②お子さんが「いらない」と言ったら、少し待ちます。数分後にもう一度聞いてあげましょう。

③お子さんがハグを求めたら、抱きしめてゆっくりと深い呼吸を始めます。鼻から息を吸って口から息をはきましょう。お子さんが泣いているときは、呼吸が聞こえるように音を大きくしてあげましょう。

④お子さんが一緒に呼吸を始めたら、さらに3〜5回、深く呼吸を合わせます。

⑤呼吸を整えながら、固まった筋肉をほぐし、緊張をゆるめます。心を澄ませて、呼吸のリズミカルな音に集中しましょう。

共調整ヒント

一日の始まりや終わりに、家族みんなでやってみてください。「おはよう」「おやすみ」のあいさつのときにぴったりです。

用意するもの

●なし

気持ちと一緒にお出かけ

このプラクティスを行うと、身のまわりのものが自分の気持ちにどのような影響を与えるか、お子さんが気づくようになります。また、感情の色や手触りを表現していくことで、楽しみながら感情を表現する言葉を増やしていくこともできます。

用意するもの
● なし

ステップ

① 散歩中に、何が見えるか、それをどう感じるかについて、お子さんに聞いてみましょう。

② 自由に感じたことを表現し、子どもたちのお手本になってあげましょう（「幸せな気持ちをくれるお花が見えるよ」）。

③ また、お子さんがある気持ち（例えば優しさ、平和、愛されること、喜び、親しみやすさなど）を感じるものを、周りのものから探し出す「気持ち探しゲーム」をするのもよいでしょう。

④ さらに、ネット上にある感情チャートをプリントアウトして、一緒に歩きながらいくつの気持ちを見つけることができるか試してみるのもいいですね。

年齢ヒント

2歳児は、まず「喜び」「悲しみ」「恐怖」「怒り」の4つの感情から始めるとよいでしょう。お子さんがこれらの感情を上手に識別し、表現することができるようになれば、感情の語彙を増やしていきましょう。感情チャートについては60ページの参考情報（英語サイト）をご覧ください。

いろんなお顔を作ろう

気持ちを理解することができると、お子さんは自分が体験していることを表現することができるようになります。このアクティビティでは、紙皿にさまざまな気持ちの顔を描いてもらい、お子さんが多彩な感情を生き生きと味わうことができるよう手助けをします。

ステップ

①紙皿とお絵描き道具を広げ、気持ちを表す言葉（例えば「幸せ」など）を1つとりあげます。

②紙皿に幸せな顔を描いてもらいます。必要に応じて、自由に手伝ってあげましょう。

③髪をつけたりアクセサリーをつけたりして、顔を飾ってみます。

④お子さんにいろいろな場面を語ってあげるか、またはお子さんに語ってもらい、その場面に合う顔を選んでもらいましょう。

年齢ヒント

2歳児は、「喜び」「悲しみ」「恐怖」「怒り」という4つの基本的な感情を区別することしかできないかもしれません。年長の子どもは、例えば眉毛などの顔の特徴に注目すると、怒っているのかがっかりしているのかを見分けることができるようになるでしょう。

用意するもの

●紙皿2〜5枚

●お絵描きの道具

　例：クレヨン、マーカー、色鉛筆など

静かなつえ

この手作りのつえは、話をしたい相手がいるときに使うものです。このアイテムは、小さな子どもが、マインドフルな思考、感情、言葉とはどのようなものかを学びながら、自分の言葉で周りの人たちに気持ちを伝える方法を見つける手助けとなります。

用意するもの

● 木の棒や
　プラスチックの棒
● 水彩絵具
● 装飾アイテム
　例：スパンコール、ラメ、
　フェルト、ボタンなど
● 手芸用接着剤
● カードサイズの小さな紙
　必要に応じて

ステップ

①集めた材料を使ってつえに飾り付けをします。

②「このつえを使うと、気持ちが高ぶったときに、自分の体がどう感じているか気づくことができるよ」とお子さんに教えます。例えば、手がつっぱったり、頭が熱くなったり、クラクラしたり、足がもぞもぞしたら、気持ちが高ぶった合図です。

③お子さんの気持ちが高ぶって、あなたや他の家族と対話したいと願うときには、いつでもこのつえを使ってもいいと伝えます。相手がお子さんとの対話を受け入れたなら、用事の手をとめて2人の間につえを置きます。

④その後、各自が交互につえを持ち、つえを持っている人が相手に自分の気持ちや、どうすれば気持ちが落ち着くかを伝えます。

年齢ヒント

自分の気持ちを表すちょうどいい言葉を見つけるのに手助けが必要な場合は、「私は＿＿のとき、＿＿と感じます。」「私は＿＿が欲しいです」と書いた小さな紙をお子さんに渡して、＿＿のところを書いてもらいましょう。

シャボン玉あそび

幸せを感じるために最もよい方法は、笑うことです。それにはきっと、シャボン玉が最適でしょう！お子さんの笑顔を見ながら一緒に取り組むと、あなたもきっと幸せな気持ちになれるでしょう。

ステップ

①あなたの手の届く範囲にお子さんを立たせるか、座らせます。

②まずあなたがシャボン玉を吹き、お子さんにシャボン玉をはじかせます。

③次に「こんどは泡をよく見てごらん」と促し、泡の色が変わったり、浮いたり、早く沈んだりすることに注意を向けます。

用意するもの

● シャボン玉

クリエイティブヒント

シャボン玉液がなければ、お子さんと一緒に作ってみましょう。食器用洗剤1に対して水3、それに砂糖小さじ2〜3杯を混ぜ合わせるだけです。吹き棒は、ストローかストロー状のもので代用できます。ストローの先をハサミで少し切り開くと、お子さんでもジャボン玉が作りやすくなります。

5

私を大切に、あなたを大切に、みんなを大切に

　赤ちゃんは、他者にすべてをゆだねた状態で生まれてきます。幼児、児童へと成長するにつれて、他者と共存するにはどうすればよいかを学んでいきます。マインドフルネスのプラクティスは、幼い子どもたちが他者の視点を理解し、どのように他者に配慮すればよいかを理解することによって、意識を広げることを促すことができます。この章のプラクティスによって、穏やかさ、感謝、優しさ、楽観主義といったポジティブな感情を喜んで迎え入れることができるようになります。

親切のブレスレット

親切な行動は、共に幸せを感じる心を育み、人間関係を築き、地域社会とのつながりを感じさせてくれます。幼い子どもたちは、人に親切にすることがとても上手です。そしてまた親切にすることよって、他者を思いやる気持ちや共感する力を養うことができます。

用意するもの
- ●ひも
- ●ビーズ

ステップ

①例えば、「どうぞ」「ありがとう」と言う、ドアを開けてあげる、微笑むなど、他の人のためにできる親切なことをいくつか挙げてもらいましょう。

②ビーズをひもに通して、「親切のブレスレット」を作ります。親切な行動をしたお子さんの腕にブレスレットをかけてあげてください。

③お子さんが何か親切なことをしているのを見たら、必ずたくさん褒めてあげてください。そのブレスレットは、お子さんの優しさを思い出させてくれます。そして、あなたがお子さんを誇りに思っていることを思い出させてくれるものなのです。

共調整ヒント

一日中ずっと、親切な行動のお手本になってあげてください。

お友達にしてあげたいこと

社会的な活動に参加するようになると、小さな子どもたちは、人と友達になるということがどういうことなのかを理解するようになります。このアクティビティでは、お子さんが友達関係に対して抱く願いを形にし、友達になることの喜びを育むことができます。これは、日頃会えない家族や友達に幸せな気持ちを届けるのにもとてもよい方法です。

ステップ

①テーブルの前か床にお子さんと一緒に座りましょう。

②自分の友達を1人か2人、思い浮かべてみるようお子さんに伝えます。友達、兄弟、ペット、あるいは想像上の友達でもかまいません。

③それぞれの友達にお子さんがしてあげたいと思うことを絵に描いたり、文字で書いたりしてもらいます。例えば、「犬に特別なお世話をしてあげたいな」といったような願いです。

④お子さんが他の人たちのためにしてあげたいと願ったことを壁にはり、一緒に眺めてみましょう。

⑤オプション：例えば1日に1つずつ完成させて、家族や友達に渡したり、手紙を送ったりしてみてもいいですね。

用意するもの

●好きな色の紙
●お絵描き道具
　例：クレヨン、マーカー、色鉛筆など

年齢ヒント

小さなお子さんは、まだ筆記用具に慣れていないかもしれません。字を書いたり絵を描いたりする代わりに、雑誌の写真を切り抜いたり、ネットの画像をプリントアウトしたりして、それを紙に張り付けてもいいでしょう。

まごころがいっぱい

他者のものの見方を理解することは、思いやりの心を育てることにつながります。このアクティビティによって、子どもは他者やものに対する思いやりを学び、自分ではどうしようもないことが起こったときに、ポジティブな考えに心を向けることができるようになります。そのような場面に出会ったときに、このアクティビティを行い、必要に応じて繰り返しやってみましょう。

用意するもの

● 温かな思いをじっくりと味わうことのできる落ち着ける場所

ステップ

① お子さんと一緒に座り、身のまわりにいる人たちに抱いている優しい思いについて話します。

② 今から優しい思いを相手に届けるという特別なミッションに向き合おうとしていることを説明します。例えば、車を運転しているときに泣いている少年を見かけたら、親子でその少年に優しい言葉をかける場面を想像してやりとりをするのもいいでしょう。

③ 1週間、1ヶ月間など、このアクティビティを続ける期間を選びます。

④ 身のまわりの人たちに、まごころのこもった優しい思いをいくつ届けることができたか数えてみましょう。

クリエイティブヒント

何らかの手助けやサポートを必要としている地域の活動や団体を探してみます。可能であればその活動や団体に参加したり、優しい思いや応援する気持ちをメッセージにして届けてみましょう。

ありがとうのおさんぽ

幼い子どもたちは生まれながらに探究心を持っています。家の外を探索するときに、マインドフルネスを意識してみましょう。このアクティビティでは、感謝の気持ちに目を向けます。そして、日頃から目にするものに対する深い感謝の気持ちを育みます。

ステップ

①散歩のときに、お子さんに周りのものに目を向けてもらい、気づいたことを尋ねてみましょう。声に出して言ってもらうか、指差してもらいます。

②例えば、「お花はミツバチに蜜を与えてくれるね、お花さんありがとう」など、散歩中に一緒に見たものに対して感じたことを表現してみましょう。

③散歩中に見つけたいもののリストを作ってそれを探したり、「借り物競走」をしてみるのもいいですね。

ちょっとした交換ヒント

雨が降っても大丈夫です！家の中でいろいろなものを見つけて、なぜそれに「ありがとう」と思うのかを説明しながら、部屋の中で「ありがとうのおさんぽ」をしてみましょう。

用意するもの

●なし

私を大切に、あなたを大切に、みんなを大切に　49

動物のお世話

子どもたちは、他者を思いやることで共感力を育みます。はじめて何かの世話をする経験は、動物たちや想像上の動物たちとの関わりであることが多いのです。

用意するもの

● 松ぼっくりや棒
● ピーナッツバターや
　シードバター
　例：ひまわりの種のバター
● 鳥のえさや
　小さな動物のえさ
● ひっかけるひも

ステップ

① お子さんと一緒に、近くにいる鳥やリスなどの小さな動物について考えてみましょう。
② 動物たちが食べられるものを作って動物たちの世話をしてみよう、とお子さんに伝えます。
③ ピーナッツバターやシードバターを、松ぼっくりや棒に塗ります。
④ そこに鳥のえさや小動物のえさをくっつけます。
　オプション：ひもを結んで吊るしてみましょう。
⑤ 動物たちのために、家の外に置いておくか、吊るしておきましょう。そしてお子さんに、動物たちがやってきたしるしを探してもらいます。

年齢ヒント

4〜5歳になると、動物のためにもっと大きな役割をこなすことができるかもしれません。自分の家で飼っているペットにえさをあげたり、ブラッシングをしてあげたり、地域の動物保護施設に必要なものを届けたり（支援物資の受け入れがある場合）といったことです。

失敗しても大丈夫

「許す」ということを学ぶためには、目的を持って行動することが大切です。このアクティビティで、子どもたちは信頼する気持ちを見つけ、失敗しても自分や他者を許すことができるようになります。

ステップ

①お子さんの向かい側に座るか、立ちましょう。誰でも失敗することがあること、そして失敗は悪いことではなく、むしろそこから学ぶことができるのだということを説明します。

②2人（または参加者全員）がそれぞれスプーンを持ちます。卵（または他の小さなもの）をスプーンに乗せて相手に渡していくゲームをすることをお子さんに伝えます。

③できるだけ落とさないようにしますが、もし落としてしまっても大丈夫ということをお子さんに伝えてあげてください。「しまった！」「ごめんなさい」とあなたが言うと、お子さんも「問題ないよ」「大丈夫だよ」と返してくれるでしょう。

④卵を渡し合い、渡した回数を数えましょう。お子さんが上手にできるようになったらタイマーを使ってもよいでしょう。

⑤卵を渡すことができたとき、または卵が落ちたときにどう感じたか、お子さんに振り返ってもらいましょう。どんな気持ちになっても大丈夫なんだよと教えてあげてください。

用意するもの

● 人数分のスプーン
● プラスチックの卵またはスプーンに乗せられる小さなもの
● タイマー

クリエイティブヒント

すべてのお子さんが「ごめんなさい」と言うのが好きなわけではありません。どちらが悪いのかと言い争う代わりに、お子さんが失敗したときに言うことのできるさまざまなフレーズを一緒に考えてみましょう。

6

ゆっくりタイム

　落ち着くことを学ぶのは子どもたちにとって難しいことです。子どもたちはよく、文字通り倒れこむまで動き回り続けますが、楽しいアクティビティを通して、お子さんに身体とこころをいつでも落ち着かせることができるということを、教えることができます。

ゆるゆるボトル

ボトルにキラキラしたものを入れておくと、楽しい感覚体験が起こり、お子さんは一日中落ち着いて集中することができるようになります。

用意するもの

● きれいに洗った
　360〜600ccくらいの
　透明なペットボトル
● じょうご
　必要に応じて
● ぬるま湯
● 透明な木工用接着剤
● グリッターやラメ
● ビーズやスパンコール
● 液体の食用色素
　必要に応じて
● 接着剤

ステップ

①お子さんと一緒に、ボトルの3分の1くらいまでぬるま湯を入れます。必要ならじょうごを使いましょう。
②そこにさらに3分の1程度、透明な木工用ボンドを入れます。
③ボトルにお子さんの好きなものを入れてもらいます。
④ボトルがいっぱいになるまでぬるま湯を入れます。
⑤ふたの内側のネジ部分に接着剤を付け、ボトルをしっかりと閉めます。
⑥ボトルを振ってみて、中身がどう動くか、お子さんに実験してもらいましょう。

クリエイティブヒント

黄色は喜び、青は悲しみ、紫は恐怖、赤は怒りというように、4つの感情のカテゴリーごとにカラーボトルを作成してみましょう。自分の気持ちに合った色のボトルを選ぶことで、お子さんは自分の気持ちを確認することができます。

ゆっくり起き上がろう

このアクティビティを通して、子どもたちに小さな動きに集中する方法を教えることができます。体をゆっくりと動かして、さまざまな体のパーツが目的を持って動くのを感じとってみましょう。車に乗るときや食卓に座る前にエネルギーを発散させるとてもよい方法です。

ステップ

①お子さんに床に仰向けに寝そべってもらいます。
②まず頭だけを持ち上げ、次に肩、胸、お腹と順番に持ち上げて、
　最後に座る姿勢になってもらいます。
③もう一回やってみましょう。

用意するもの

●なし

クリエイティブヒント

速く起き上がってもらう動きと、ゆっくり起き上がってもらう動きを交互にしてみます。腕の位置を変えてやってみてもいいでしょう。まず、腕を頭の上に置いてやってみて、次にまっすぐ前に伸ばしてやってみます。お子さんにいろんなバリエーションを考えてもらいましょう。

お腹の上のお友達

このアクティビティは、寝る前に小さなお子さんを落ち着かせるのにとてもよい方法です。

用意するもの
● ぬいぐるみ

ステップ

①お子さんに床やベッドに仰向けで寝てもらいます。
②ぬいぐるみなどお気に入りのものをお腹の上に乗せます。
③黙って呼吸をし、お腹の上のお友達が上下に動く様子に気持ちを向けるよう伝えます。
④「どんな感覚や思いが心に浮かぶかな？」と声をかけてみます。
⑤お子さんの呼吸に合わせて、お腹の上のお友達を見続けてもらいます。

共調整ヒント

自分が動揺したとき、どういうふうに深呼吸をして気持ちを落ち着かせるか、お子さんにお手本を見せてあげましょう。

綿球ころころ

綿球をいくつか用意するだけで、楽しく呼吸をコントロールできます！

ステップ

①床やテーブルにお子さんと一緒に座ります。

②お子さんに綿球を渡し、テーブルの上か手のひらに置くように言います。

③綿球に優しく息を吹きかけ、テーブルや手のひらの上を落ちないようにゆっくりと移動させます。

④落ちたら、また挑戦しましょう。

ちょっとした交換ヒント

綿球がなくても大丈夫です！　ポンポンボールやポップコーン、ティッシュなど、軽いものだったら何でもOKです。

用意するもの

●綿球（脱脂綿を丸めたもの）2〜3個

くもった鏡

子どもたちはただ鏡を見つめるだけで、自分の呼吸をイメージすることができます。

用意するもの

● 鏡
　手鏡や姿見
● ペーパータオル
　もしくはティッシュ

ステップ

① お子さんを鏡の前に座らせるか、手に鏡を持たせてあげてください。

② お子さんに、「ドラゴン（や怪獣）になって、鏡に息を吹きかけてみよう」と言います。

③ まずはゆっくりとした呼吸から始めて、鏡がくもることに気づかせてあげましょう。

④ ゆっくり吹いたり強く吹いたりしてみて、鏡をどれだけくもらせることができるか、よく確かめてみましょう。

ちょっとした交換ヒント

窓やガラスの天板を使って、同じように行うこともできます。ただ、ガラスに指紋や汚れがつくのが耐えられないという方は、無理せずやめておきましょう。

ぎゅっとしてゆるめて

小さなお子さんはこのアクティビティで全身をリラックスさせることができます。お昼寝や就寝前のリラックスタイムに、ちょうどいいですよ。

ステップ

①お子さんが心地よい姿勢で寝ていることを確認します。

②「体にぎゅっと力を入れたりゆるめたりしてみよう」と説明します。

③お子さんの準備ができたら、まず足の裏やその近くの筋肉に力を入れ、3秒間キープしてから力をゆるめるように指示します。

④小さなお子さんなら大きな筋肉（脚、お腹、腕、肩、頭など）だけで行い、大きなお子さんなら小さな筋肉（つま先、ふくらはぎ、太もも、上腕二頭筋、指、額など）でもやってみましょう。

⑤足から頭まで続けてみて、このアクティビティで感じたことを振り返ってもらいます。

用意するもの

●なし

共調整ヒント

お子さんが怒っているときは、お子さんの体の下から上まで優しくギュッと押してあげるといいでしょう。このような深い圧迫は、脳と体を深くリラックスさせてくれます。

参考情報

ウェブサイト

「Zero to Three」
www.zerotothree.org/resources/2268-mindfulness-for-parents
幼児・児童のためのマインドフルネスに関するさまざまな資料が掲載されています。

「Mindful」
www.mindful.org
マインドフルネスについてもっと知りたいという人のためのサイトです。マインドフルに生きるためのコミュニティ探し、洞察力の獲得、関連情報の収集、インスピレーションを得るためのリソースが紹介されています。また、「マインドフル」という雑誌（紙版＆デジタル版）も発行されています。

「Teaching Children Meditation」
www.teachchildrenmeditation.com/meditation-for-toddlers
子どもにマインドフルネスや瞑想を教える方法に関する充実した資料が紹介されています。この団体は、教育関係者や専門家向けに、認定キッズ・メディテーション・ティーチャーになるためのトレーニングを提供しています。また、自閉症、ADHD、トラウマ、その他の特別な教育的ニーズを持つ子どもたちとの関わり方についての情報も掲載されています。

「Reward Charts 4 Kids」
www.rewardcharts4kids.com/feelings-chart
さまざまなシーンで使える感情や気分に関するチャートを無料でプリントアウトできます。

子どものための本

Crab and Whale by Christiane Kerr and Mark Pallis

子どもたちにマインドフルネスの実践を優しく紹介しています。受け入れることの大切さや寛大さ、感謝、優しさ、忍耐、そして信頼の価値に触れることができます。（対象年齢：2歳〜11歳）

How Kind! by Mary Murphy（邦訳『やさしいね！』メアリー・マーフィ作・絵／ふじきやすこ訳、フレーベル館、2004年）

動物たちがお互いをいかに思いやっているかというお話を通して、幼児や児童に優しさとは何かを紹介しています。（対象年齢：2歳〜5歳）

Puppy Mind by Andrew Jordan Nance

私たちの心は時々迷子になりますが、トレーニングするともっと今に集中することができるようになるという素敵なお話です。（対象年齢：3歳〜7歳）

大人のための本

Awakening Joy for Kids: A Hands-On Guide for Grown-Ups to Nourish Themselves and Raise Mindful, Happy Children by James Baraz and Michele Lilyanna.

保護者と子どもが一緒になって、毎日の中で喜びを探求する方法を見つけることができるガイドブックです。

Breathe, Mama, Breathe: 5-Minute Mindfulness for Busy Moms by Shonda Moralis.

1日5分でできる瞑想が紹介されており、すべての親がマインドフルになることができます。

Ready, Set, Breathe: Practicing Mindfulness with Your Children for Fewer Meltdowns and a More Peaceful Family by Carla Naumburg.

実践的な解決策を提示し、あなたとあなたのお子さんがマインドフルネスを使用して、困難なできごとや混乱を乗り切ることを助けてくれます。

参考文献

Kabat-Zinn, Jon. *Wherever You Go, There You Are: Mindfulness Meditation in Everyday Life.* New York, NY: Hyperion, 1994.
（邦訳『マインドフルネスを始めたいあなたへ』ジョン・カバットジン著／田中麻里監訳／松丸さとみ訳、星和書店、2012年）

Murray, Desiree W., Katie Rosanbalm, Christina Christopoulos, and Amar Hamoudi.
Self-Regulation and Toxic Stress: Foundations for Understanding Self-Regulation from an Applied Developmental Perspective (OPRE Report # 2015-21). Washington, DC: Office of Planning, Research and Evaluation, Administration for Children and Families, U.S. Department of Health and Human Services, January 2015. https://fpg.unc.edu/node/7587.

著者紹介

ハイディ・フランス
Hiedi France, EdD

ノーザンイリノイ大学で心理学の理学士号、ロヨラ大学で学校心理学の修士号、ルイス大学で教育指導の博士号を取得。約20年にわたり、教育システムにおいてメンタルケアを必要とする生徒と関わりを続けてきた。教育学と心理学の研究を応用し、生徒たちへ社会的・情緒的・心理的サポートをすることに取り組んでいる。教育者に向けて社会性と情動教育に関するリソースを提供する Behavior Savers (https://www.behaviorsavers.com/) の創設者。

訳者

芦谷道子（あしたに・みちこ）

大阪大学人間科学研究科博士課程単位取得退学。博士（医学）。さまざまな医療機関や教育機関、福祉施設で心理士として心理療法に携わり、2007年より滋賀大学特任講師、2012年より同大学准教授、2018年より同大学教授。主に、子どもの心身症に対する心理的支援、およびマインドフルネスについての研究に従事。臨床心理士、公認心理師、グローバルマインドフルネスコラボラティブ（GMC）認定MBSR講師、英国MiSP認定Teach.b講師（中高生のためのマインドフルネス認定指導者養成講師）、関西医科大学非常勤嘱託、大阪大学非常勤講師、株式会社イヴケアCKO等兼務。

訳書『子どものためのおだやかマインドフルネス』（創元社）『マインドフルネスな先生、マインドフルな学校』（金剛出版）など。

小さな子どもといっしょに楽しむマインドフルネス
すこやかな心を育てる30のアクティビティ

2023年8月20日　第1版第1刷　発行

著　者	ハイディ・フランス
イラスト	デニス・ホームズ
訳　者	芦谷道子
発行者	矢部敬一
発行所	株式会社 創元社　https://www.sogensha.co.jp/
	本社　〒541-0047 大阪市中央区淡路町4-3-6
	Tel.06-6231-9010 Fax.06-6233-3111
	東京支店　〒101-0051東京都千代田区神田神保町1-2田辺ビル
	Tel.03-6811-0662

ブックデザイン	HON DESIGN
印刷所	図書印刷株式会社

ISBN978-4-422-11797-3 C0011
Printed in Japan
落丁・乱丁のときはお取り替えいたします。